Jajabka aan Jeclahay
Volume 2
David E. McAdams

Sawirada buugan waxaa la sameeyay iyadoo la isticmaalayo Fractal Forge.
Fractal Forge waxaa laga soo dejisan karaa
https://sourceforge.net/projects/fractalforge/

Copyright 2021, Life is a Story Problem, LLC. Dhammaan xuquuqaha way xifdiyeen Ma jiro qayb ka mid ah dukumeentigan lama koobiyeyn karo, dib loo daabacin, ama laguma kaydin karo sinaba iyada oo aan oggolaansho qoraal ah laga helin cidda haysata xuquuqda daabacaada.

Buugaag kale oo uu qoray David E. McAdams

Midabada ee Baqbaqaaq - Hordhac fikradda midabada. Kuwa aan gaarin dugsiga barbaarinta.
Midabada ubaxyada - Hordhac fikradda midabada. Kuwa aan gaarin dugsiga barbaarinta.
Midabada Cosmos-ka - Hordhac fikradda midabada. Kuwa aan gaarin dugsiga barbaarinta.
Midabada Boqortooyada - Amiirro iyo amiirado ayaa baraya magacyada midabada.
Qaababka - Hordhac qaababka. Kuwa aan gaarin dugsiga barbaarinta.
Buugga Midabaynta Nambarada Gawaarida Dheereeya - Baro tirooyinka adigoo midabaynaya gawaarida dheereeya. Da'da 4 ilaa 7 jir.
Buugga Lambarrada Masduulaaga - Masduulaayo qurux badan ayaa baraya lambarrada 0 ilaa 10. Da'da 4 ilaa 7 jir.
Lambaro - Hordhac fikradda tirooyinka. Fasalada K-2.
Waa maxay waxa ka weyn wax walba? (Aan dhammaad lahayn) - Hordhac fikradda aan dhammaadka lahayn. Fasalada 1-3.
Isticmaalka lacagta ciyaarta si aad u barato nambarada - Bar tiro badan oo ku xisaabta in ka badan $1,000,000 oo lacagta ciyaarta ah.
Jajabka aan Jeclahay (mujarooyinka 1, 2) - Buugaag sawir leh oo jajabyo yaab leh ayaa loo soo bandhigay sidii sawiro xalin sare leh. Da' walba.
All Math Words Dictionary (Ingiriisi) - Qaamuuska xisaabta ee ardayda aljabrada ka hor, aljabra, joomatari, iyo xisaabinta ka hor.
Hal milyan oo tirada ugu horreysa ee Pi (π) - Milyanka lambar ee ugu horreeya ee pi. Da' walba.
Hal milyan oo tirada ugu horreysa ee Lambarka Euler (e) - Milyanka lambar ee ugu horreeya Euler-ka joogtada ah e. Da' walba.
Hal milyan oo tirada ugu horreysa ee xididka laba ($\sqrt{2}$) (Ingiriisi) - Milyanka lambar ee ugu horreeya ee xidid laba jibaaran 2. Da' kasta.
Boqol kun ee tirada asal ah ee ugu horreysa (Ingiriisi) - Boqolka kun ee tirada ugu horreeya. Da' walba.
Geometric Nets Project Book (Ingiriisi) - 80 shabaqyada joometeriga ah si loo koobiyo, gooyo, oo la wada duubo loona wada duubo 3 cabbir oo polyhedra ah. Da'da 9 iyo ka weyn.
Geometric Nets Mega Project Book (Ingiriisi) - 253 shabagyada joomatari si loo koobiyo, gooyo, oo loo wada duubo 3 cabbir oo polyhedra ah. Da'da 9 iyo ka weyn.

Si aad u hesho liis cusub, eeg https://www.DEMcAdams.com.

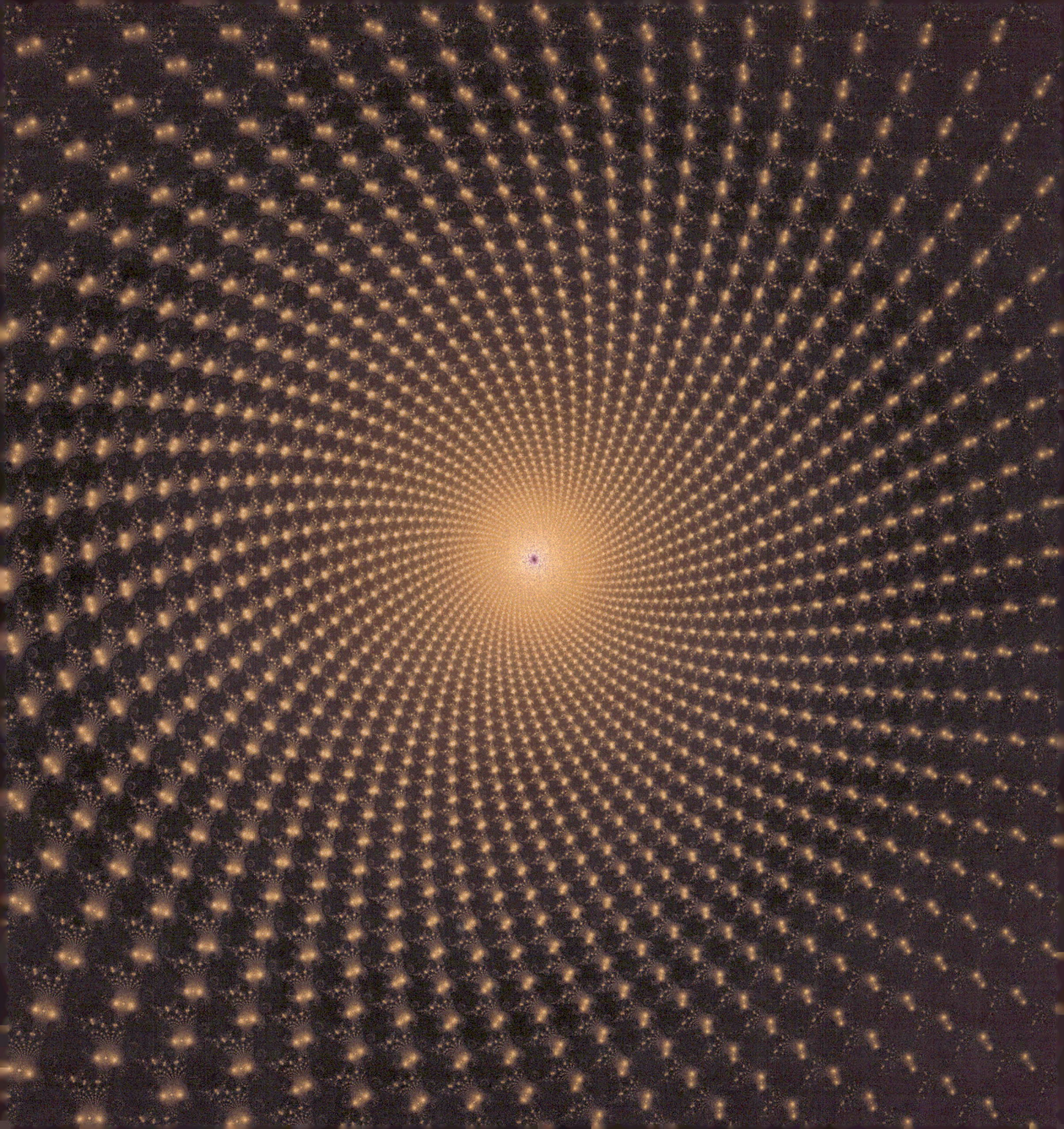

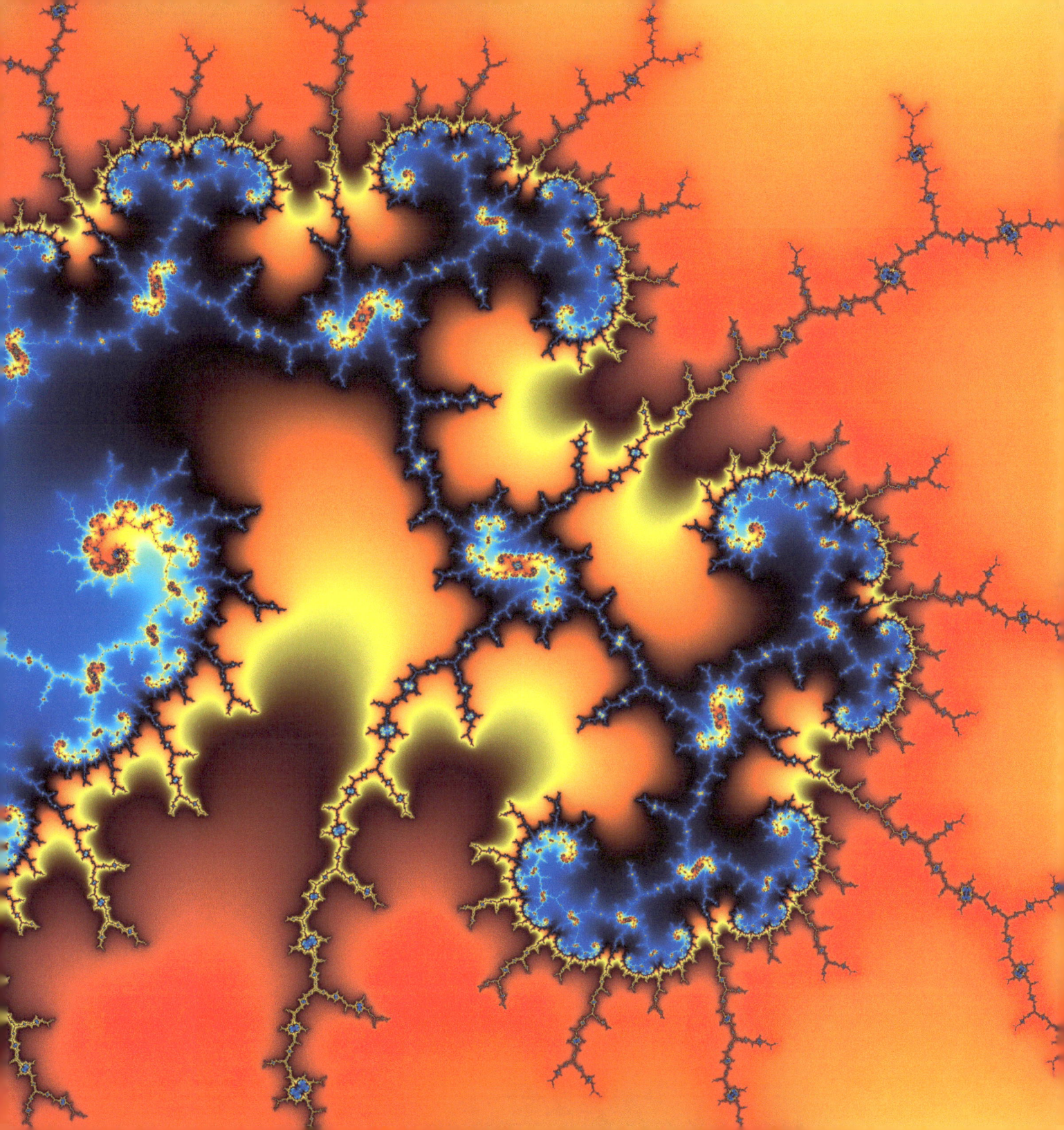

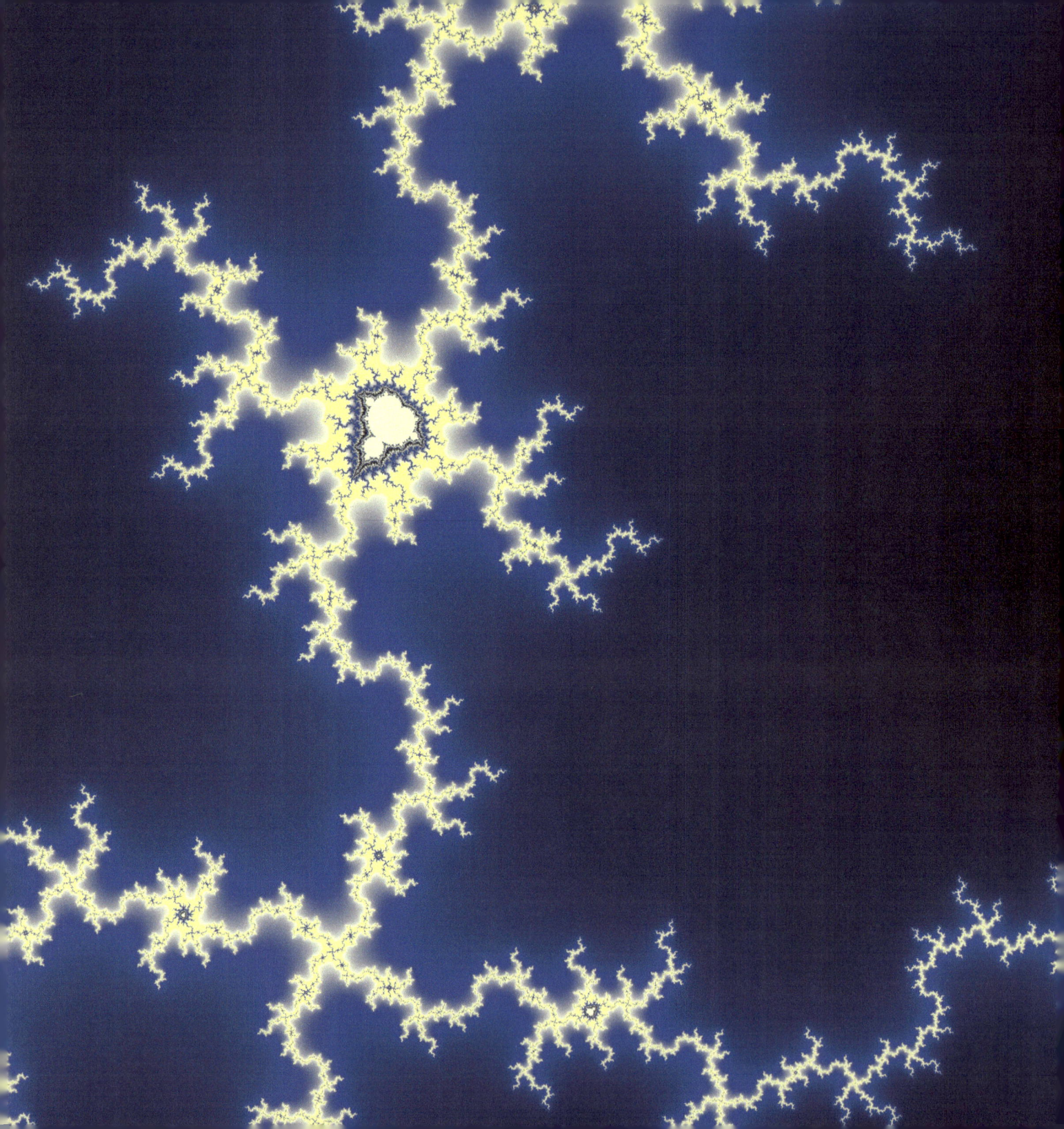

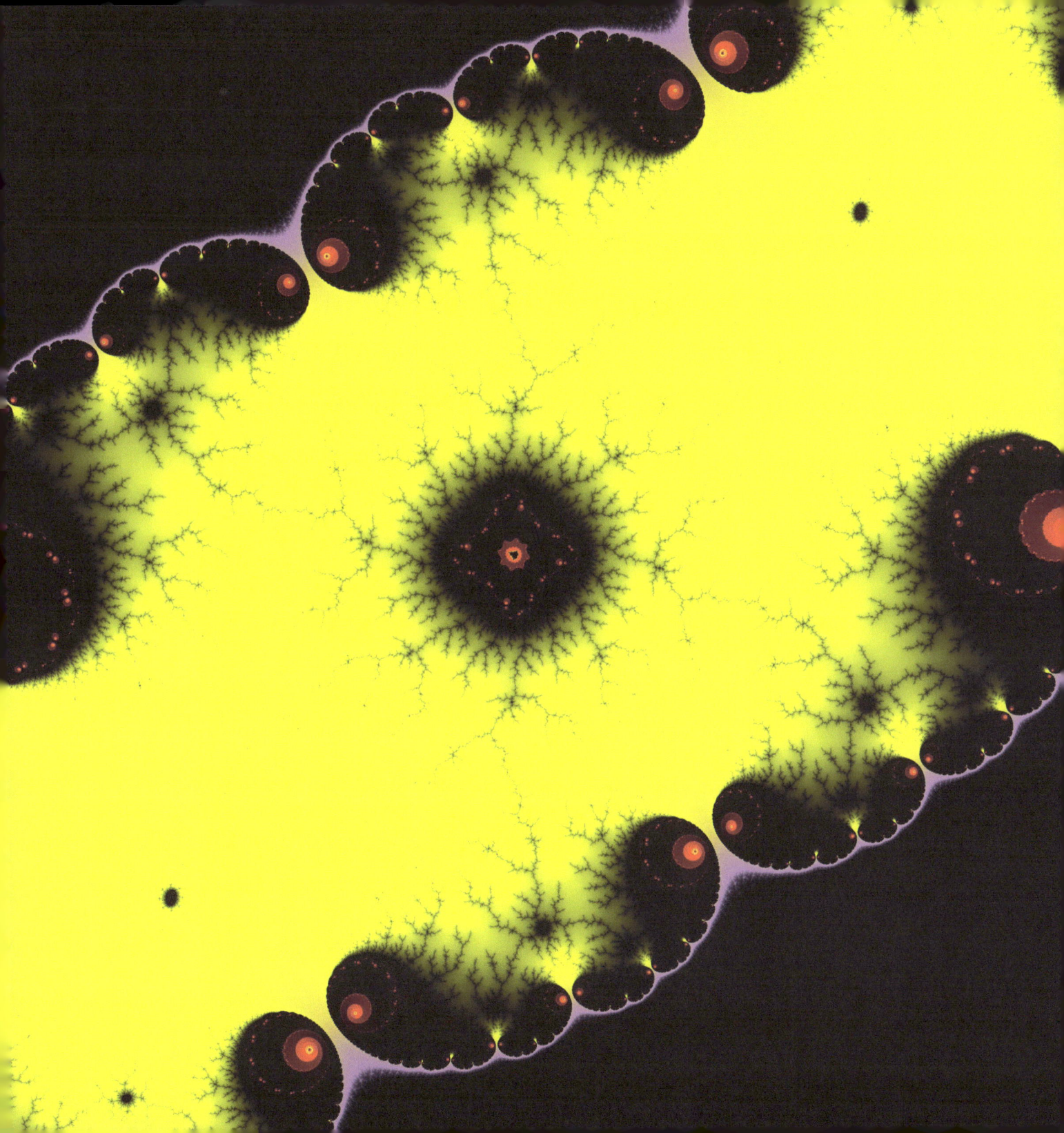

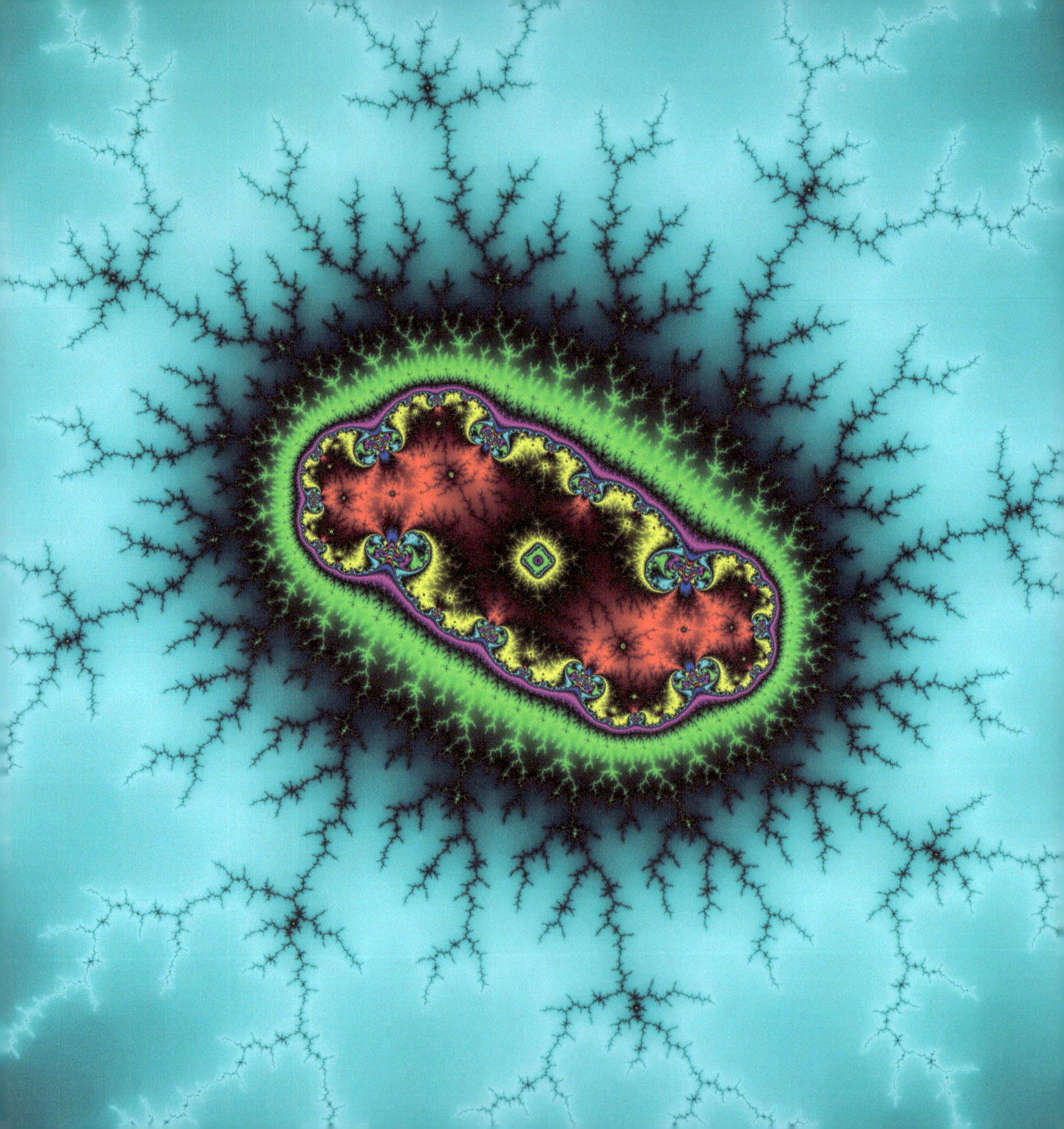

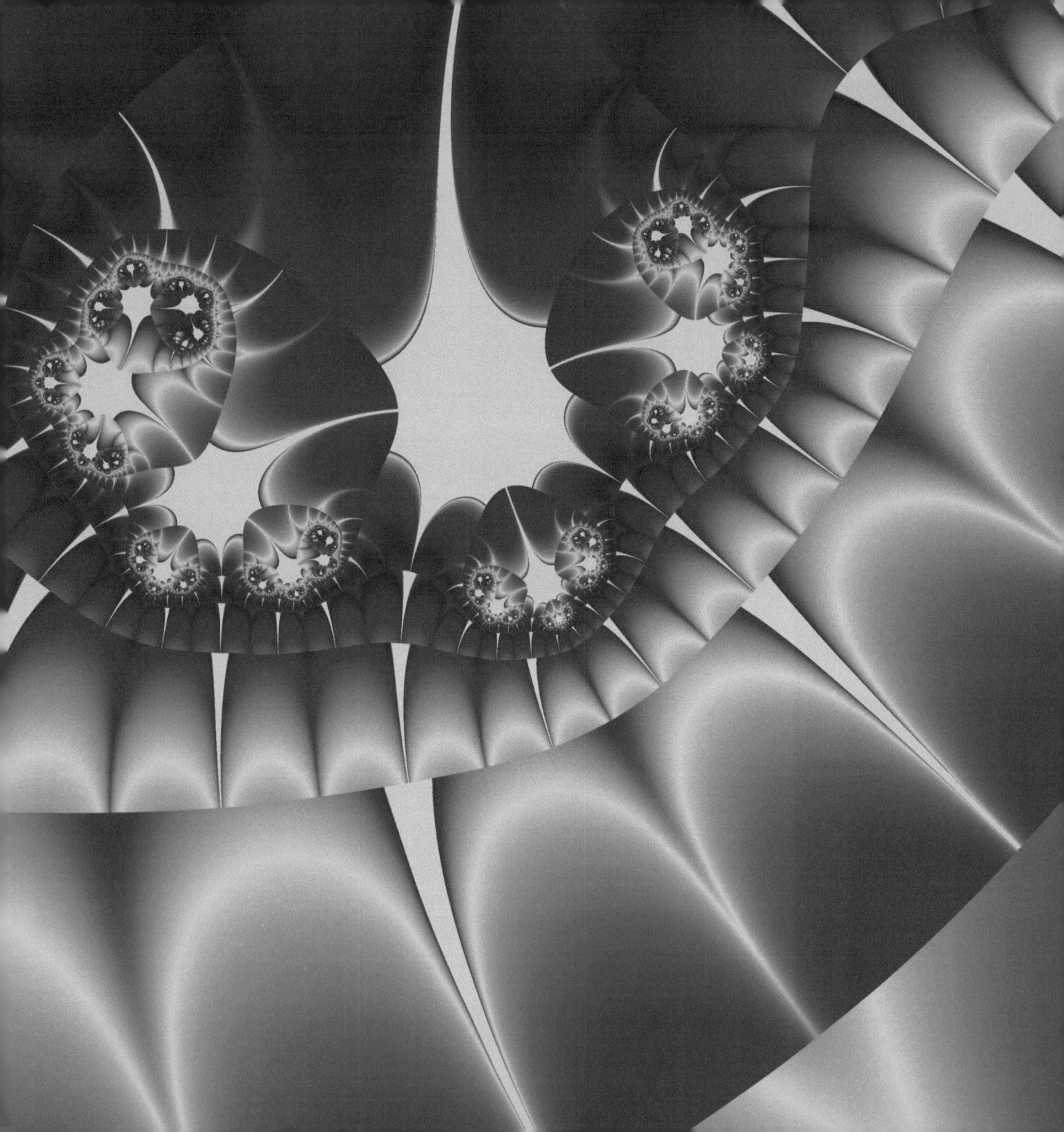

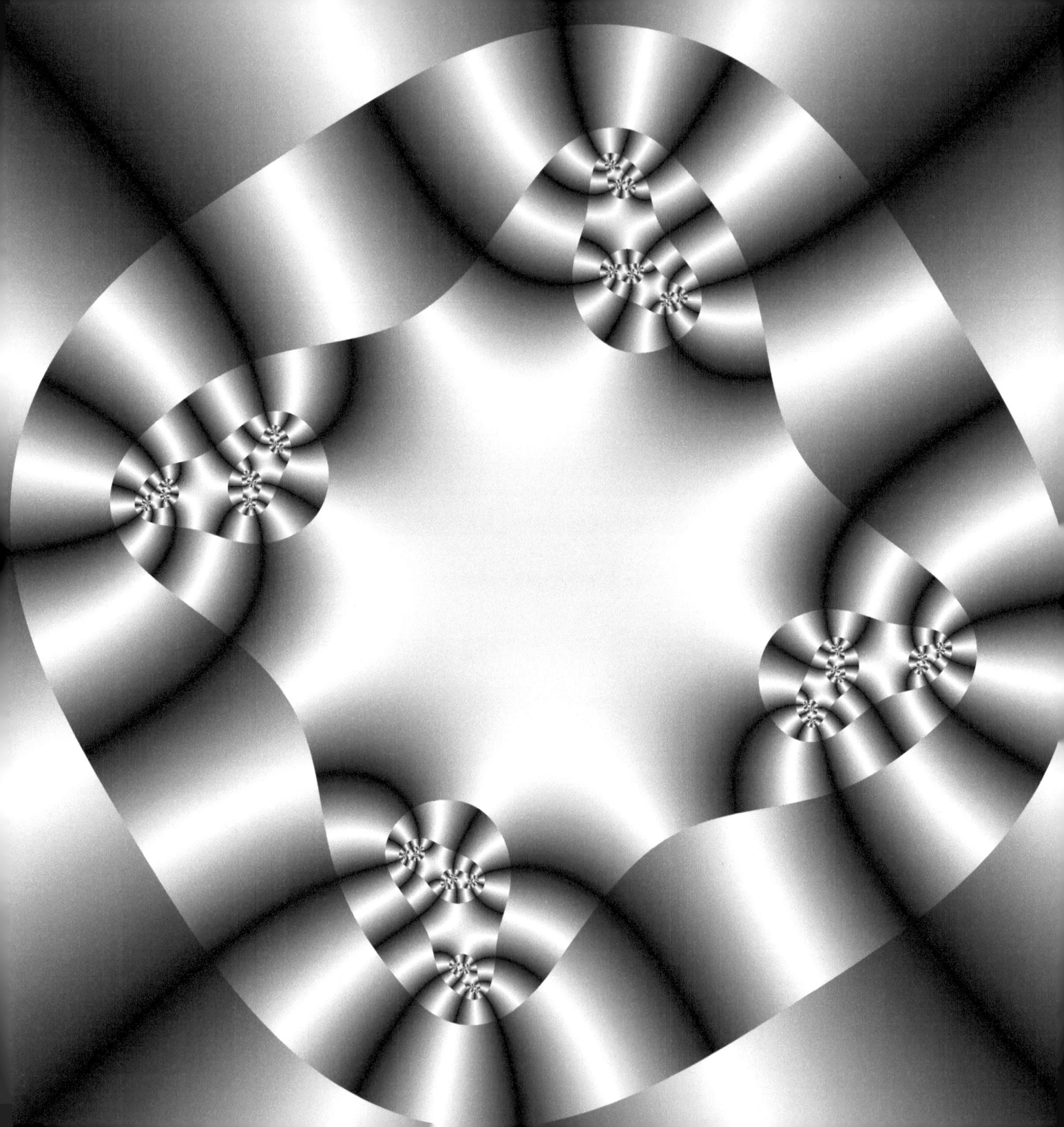

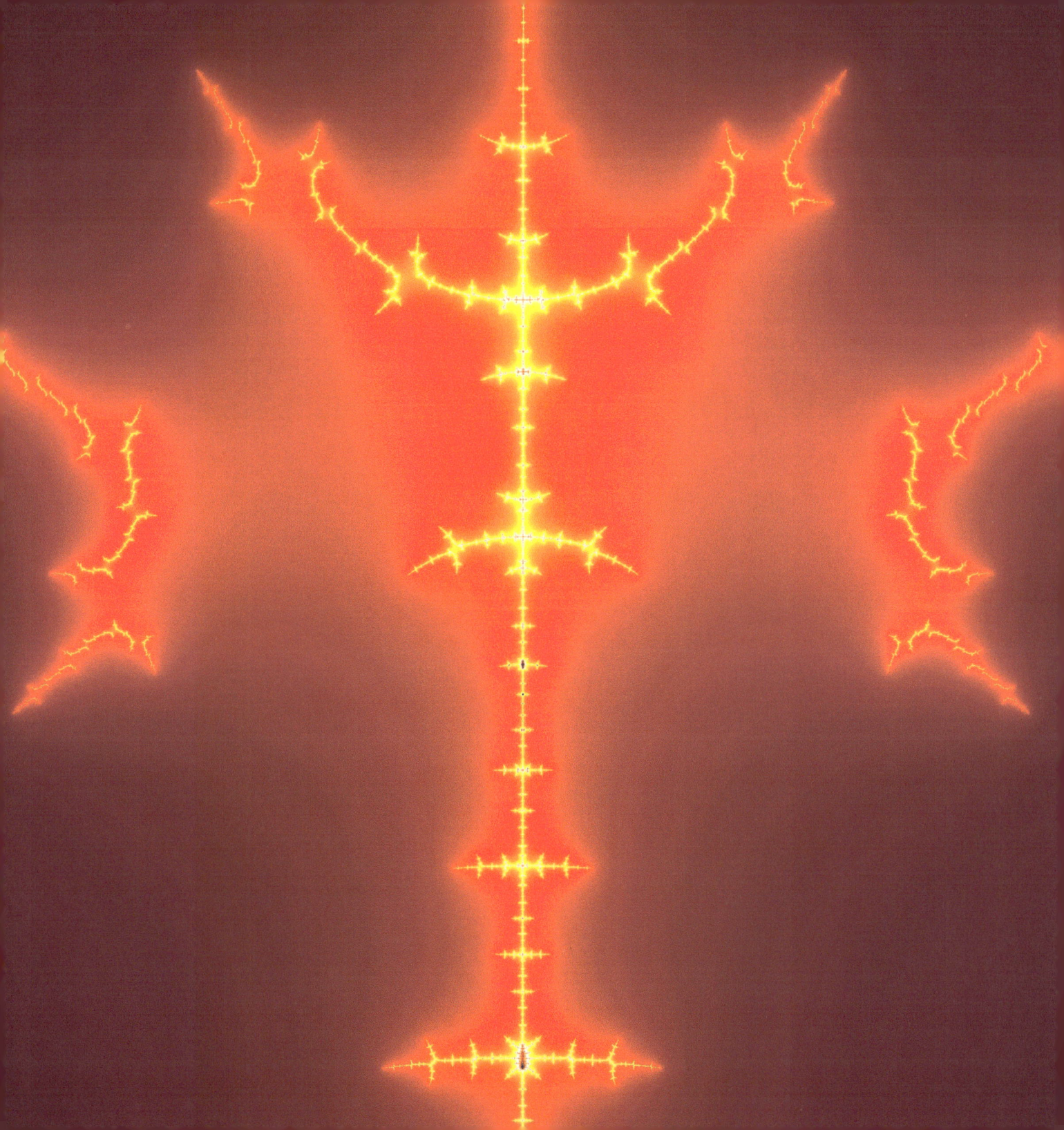

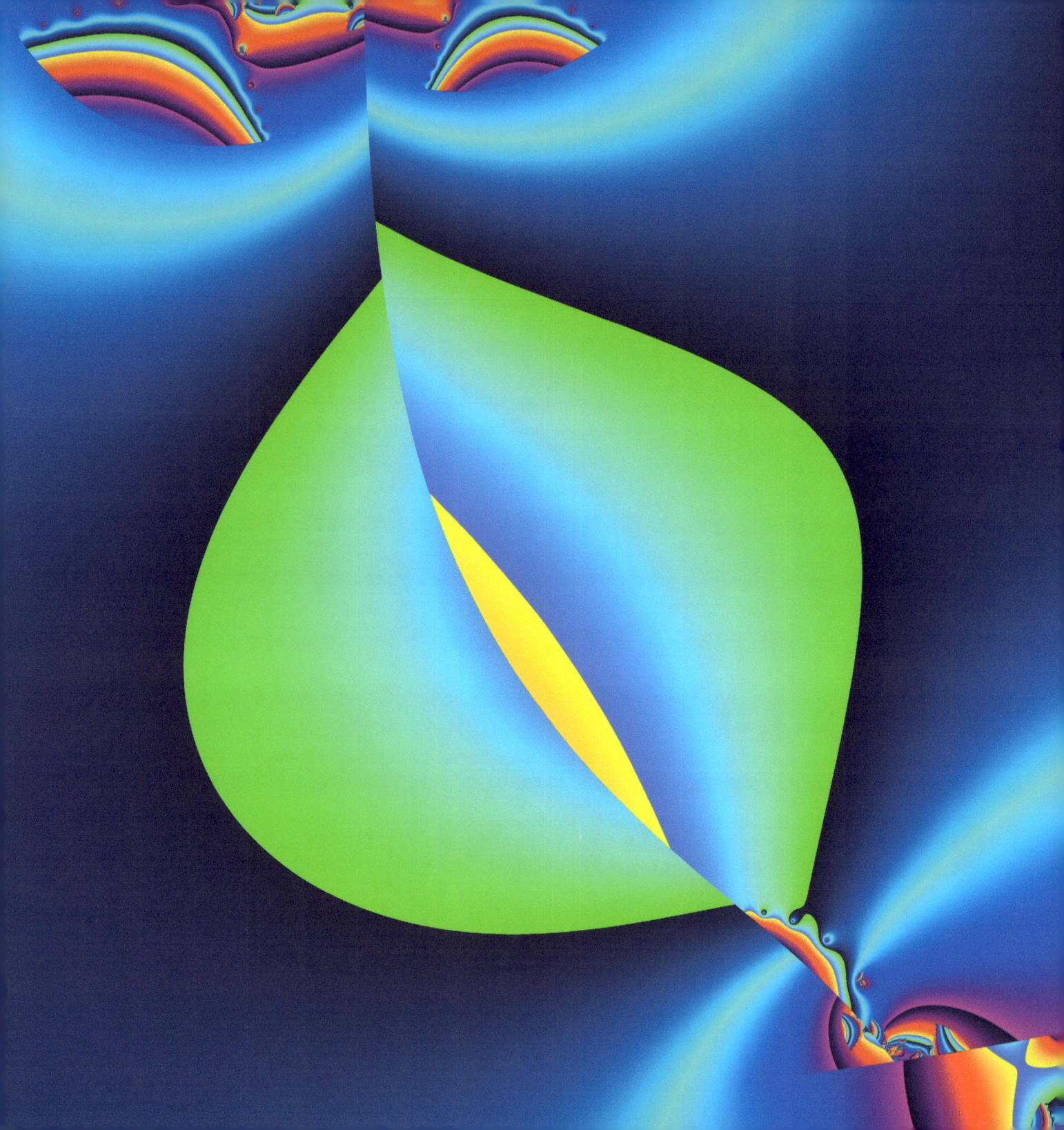

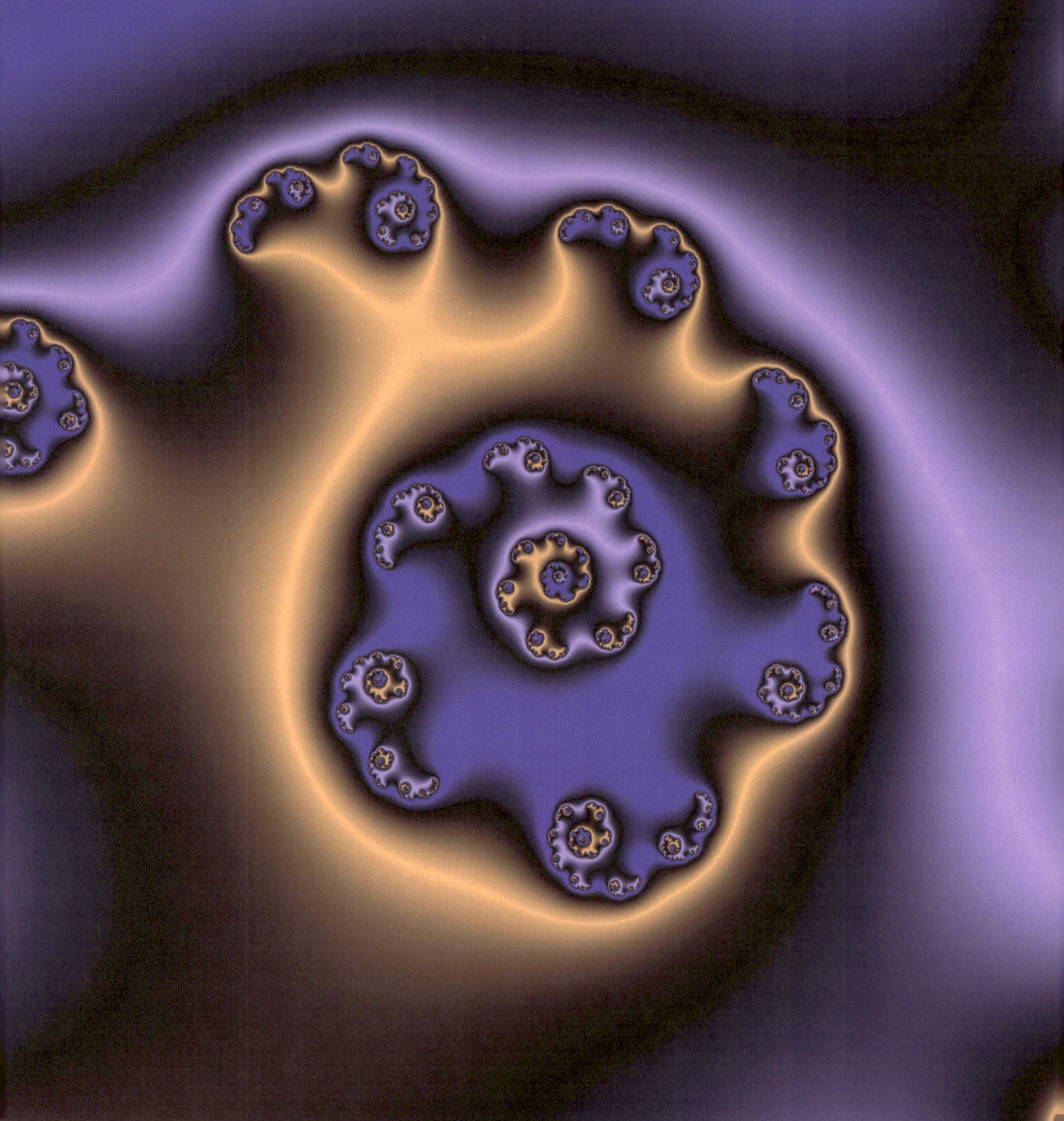